VÉRITABLE TRÉSOR

DE

PROCÉDÉS, SECRETS, RECETTES,

TOUS ÉPROUVÉS,

ET, CE QUI EN AUGMENTE LE MÉRITE,

D'UNE EXÉCUTION FACILE ET PEU COUTEUSE;

IL COMPREND :

1º L'Art de conserver des comestibles ; — 2º l'Art de fabriquer et conserver plusieurs liquides ; — 3º des Procédés pour détruire les animaux nuisibles ; — 4º un grand nombre de Recettes pour guérir diverses maladies ; — 5º enfin un choix de différents autres Secrets curieux et très-importants ;

Recueilli par une Société anonyme.

PRIX : 40 CENTIMES.

A PARIS,

CHEZ LES MEMBRES DE LA SOCIÉTÉ.

1841.

VÉRITABLE TRÉSOR

DE

PROCÉDÉS, SECRETS, RECETTES,

TOUS ÉPROUVÉS

ET, CE QUI EN AUGMENTE LE MÉRITE,

D'UNE EXÉCUTION FACILE ET PEU COUTEUSE;

IL COMPREND:

1º L'Art de conserver des comestibles; — 2º l'Art de fabriquer et conserver plusieurs liquides; — 3º des Procédés pour détruire les animaux nuisibles; — 4º un grand nombre de Recettes pour guérir diverses maladies; — 5º enfin un choix de différents autres Secrets curieux et très-importants;

Recueilli par une Société anonyme.

———◦———

PRIX : 40 CENTIMES.

———◦———

A PARIS,

CHEZ LES MEMBRES DE LA SOCIÉTÉ.

—

1841.

LYON. — IMPRIMERIE DE BOURSY FILS.

CHAPITRE PREMIER.

—

1. Pour conserver la viande.

Le charbon de bois pulvérisé a la propriété de conserver la viande et le poisson frais assez long-temps. On lui enlève son mauvais goût et sa mauvaise odeur en mettant dans le vase, avec la viande que l'on veut faire cuire, un ou deux morceaux de charbon. Quelque gâtée que soit la viande, on parviendra à la rendre saine en la lavant d'abord dans de l'eau bouillante; lorsqu'on l'a bien nettoyée et que l'on a ôté avec soin tout ce qui est corrompu, on la met dans un linge ou un sac plein de charbon de bois en poudre tamisée, on la fait bouilir pendant deux heures dans un vase plein d'eau dans lequel on aura mis quelques poignées de cette même poussière de charbon. On retire cette viande du vase, on la lave bien, on achève de la nettoyer en ôtant avec soin tout ce qui a l'apparence de la corruption, puis on achève de faire cuire cette viande dans une nouvelle eau, avec les assaisonnements nécessaires. La viande et le bouillon seront excellents.

2. Pour convertir de la mauvaise eau et la rendre aussi saine que celle des fontaines.

On bouche le bas d'un entonnoir avec une éponge, on le remplit au tiers de poudre de charbon de bois bien lavée, on finit de la remplir de sable propre en laissant environ 5 centimètres (1 pouce) de vide. On fixe l'entonnoir sur un vase; on répand l'eau qu'on veut clarifier, et qui filtre à travers le sable et le charbon; on continue jusqu'à ce qu'on ait la quantité d'eau voulue.

3. Conservation des œufs.

On conserve les œufs en les enfouissant dans du seigle, on n'en retire que la quantité qu'on veut employer.

On conserve aussi les œufs lorsqu'on les

a trempés dans de l'eau de chaux, puis on les met dans du sable fin et sec.

Les œufs pondus en mars et en septembre sont préférés pour la conservation. On connaît les œufs bons à être conservés lorsqu'en mouillant avec la langue le côté pointu, il se trouve froid, et que le côté opposé a une certaine chaleur. L'œuf gâté n'offre pas cette différence.

4. Pour faire pondre les poules en hiver.

Pour faire pondre les poules en hiver, on les place dans un endroit chaud qu'elles ne puissent franchir ; on les nourrit de sarrasin ; on leur donne le matin une pâtée faite avec du chenevis pilé, mélangé de son d'orge et d'un sixième environ de brique pilée et passée au tamis. Cette nourriture les échauffe tellement qu'elles pondent tous les jours. Au printemps ces poules ne sont bonnes qu'à engraisser.

5. Conservation des fruits, tels que raisins, pommes, poires, melons , etc.

On dispose, dans une caisse ou dans un

vase où l'air extérieur ne puisse pénétrer, un lit de son séché au four, ou des cendres sèches tamisées, puis un lit de fruits qu'on ait eu soin de bien éplucher et qui aient été cueillis avant leur maturité par un temps sec et beau ; on continue un lit de son, puis un lit de fruits, jusqu'à ce que le vase soit plein ; on le ferme hermétiquement : si l'air ne peut y pénétrer, le fruit se conservera long-temps. Pour lui rendre sa fraîcheur, on coupe le bout de chaque grappe, puis on la trempe dans du vin de même couleur que le raisin.

6. Conservation des haricots verts.

On épluche les haricots sans les casser, puis on les met dans des pots de grès remplis d'eau de fontaine suffisamment salée ; on recouvre le vase d'environ 10 centimètres d'huile. Quand on veut en prendre, on retire la quantité nécessaire en soulevant la croûte qui s'est formée dessus ; on les lave deux fois à l'eau chaude, puis on les fait cuire comme à l'ordinaire

7. Pour empêcher que les pommes de terre ne germent.

On met un tas de pommes de terre à l'endroit où on aura déposé du menu charbon de bois, et on parsème le tas de ce même charbon. Par ce procédé on conserve fort long-temps les pommes de terre.

8. Pour empêcher que les pommes de terre et autres légumes ne gèlent.

On met un ou deux vases pleins d'eau près du tas de pommes de terre; lorsque l'eau est gelée, on la remplace par d'autre qui ne l'est pas. On continue jusqu'à ce que l'eau ne gèle plus.

9. Pour dégeler les pommes de terre, sans qu'elles perdent la qualité qu'elles avaient auparavant.

On place à côté du tas de pommes de terre gelées de l'eau fraîche, ce qui les ramène à leur premier état, sans qu'elles perdent rien de leur qualité.

10. Pour empêcher les fruits de geler.

On couvre les fruits de paille sur laquelle

on étend un drap mouillé ou une natte de
paille bien épaisse et mouillée. Il faut prendre soin que le fruit ne se mouille pas.

11. Fromage excellent de pommes de terre.

On fait cuire des pommes de terre en
suffisante quantité, on les pèle, puis on les
pétrit; on y mélange ensuite du lait caillé,
du lait doux auquel on aura laissé la crème,
dans la même proportion; l'assaisonne-
ment se fait avec du sel, du laurier, des
clous de girofle pilés. Lorsque le tout est
bien pétri et bien mélangé, on couvre cette
pâte qui est abandonnée à la fermentation;
au bout de vingt-quatre heures on la moule
en petits fromages qui sont très-bons.

12. Pour faire du vinaigre en une heure.

On pétrit de la farine pur seigle dans du
vinaigre très-fort, on en fait une galette
qu'on cuit au four, ensuite on la réduit en
poudre qu'on pétrit avec du fort vinaigre,
puis on cuit une seconde fois; on réitère une
troisième fois, puis on met cette galette
dans le vin qui se convertit en vinaigre.

On met aussi un morceau de bois d'if ou
de hêtre dans le vin qui ne tardera pas de
se convertir en vinaigre.

3. Pour vieillir l'eau-de-vie en un instant.

Pour donner à l'eau-de-vie nouvelle toutes les qualités de la plus vieille eau-de-vie,
il suffit de verser dans chaque bouteille un
peu d'eau dans laquelle auront été dissous
5 ou 6 grains de potasse, puis on agite fortement la bouteille. La liqueur, par ce procédé, perd l'acide qui lui reste et a acquis
le goût et toutes les propriétés de la plus
vieille eau-de-vie.

14. Clarification sans frais des liqueurs.

On passe les liqueurs jusqu'à ce qu'elles
soient bien claires dans une chausse faite
de drap de laine, ou bien dans une feuille
de papier gris non collé, pliée en cône et
supportée par une gaze.

15. Conservation des vins.

On met dans un demi-litre d'esprit de vin
deux poignées de seconde écorce de su-

reau, qu'on laisse infuser pendant trois jours; puis on passe cette liqueur dans un linge, et on la verse dans le vase où est le vin, qui se conserve fort long-temps, une dizaine d'années au moins.

16. Pour rendre clair le vin tourné.

On remplit un sachet de copeaux minces de bois de hêtre, puis on le suspend pendant deux jours dans le tonneau.

17. Rétablissement du vin gâté.

On fait bouillir un seau de bon vin, puis on le vide dans le tonneau de vin gâté; on bouche bien le tonneau : au bout de quinze jours le vin a repris sa première qualité.

18. Pour corriger un vin aigre ou moisi qui a pris le goût dans le tonneau.

On soutire le vin dans un vase bien étuvé et qui ait bonne odeur, et préférablement dans un qui aura eu de l'eau-de-vie. On met infuser près du feu dans un verre d'eau-de-vie une quarantaine de clous de girofle, quelque peu de cannelle et de coriandre, une forte cuillerée d'iris de Florence, puis cette infusion est versée dans le vin. Au bout de quinze ou vingt jours il est meilleur qu'il n'était auparavant.

19. Très-bonne limonade.

On met infuser dans dix litres d'eau, pendant trois jours, ce qui suit :

Cassonnade,   625 grammes (1 liv. 1/4).
Vinaigre blanc, 1 verre.
Fleur de sureau, 6 grammes (1 gros 1/2).
Coriandre,   4 grammes (1 gros).
Pour 2 liards de fleurs de violettes.

On remue le tout trois ou quatre fois par jour, on clarifie ensuite ; on met la liqueur en bouteilles qu'on bouche et ficelle. On les place couchées dans la cave pendant quatre jours; si l'endroit est un peu chaud, on ne les laisse que deux jours et demi.

CHAPITRE II.

DESTRUCTION DES ANIMAUX ET INSECTES NUISIBLES,

—

20. Pour détruire les rats et les souris.

On mélange de la chaux vive en poudre avec autant de farine et de sucre, on répand cette solution dans les endroits infestés ; la mort de l'animal sera prompte s'il boit immédiatement après avoir mangé cet appât.

21. Pour faire périr les chenilles.

On remplit un réchaud de charbons bien allumés, on le transporte sous des branches chargées de chenilles, on jette dedans quelques pincées de soufre en poudre. Cette vapeur, mortelle aux chenilles, les fait périr toutes, et l'arbre en est garanti pour la saison. Cette vapeur fait aussi périr les cocons de chenilles de même que tout autre insecte malfaisant.

22. Pour détruire les charançons.

Avec un lait composé de chaux vive en

poudre et de trois parties d'une forte infusion de plantes aromatiques, on donne plusieurs couches aux parois des endroits habités par les charançons ; on peut en toute assurance déposer ses graines. Ce moyen parmi tant d'autres est celui qui offre le plus de garanties de destruction.

On réussit à détruire les charançons en répandant dans le lieu qu'ils habitent les sommités de chanvre femelle où était renfermée la graine.

23. Plusieurs procédés très-simples, économiques et éprouvés pour la destruction des punaises.

Comme les punaises ont l'odorat très-fin, on se sert de nattes ou claies, nommées vulgairement *bardannières*, faites avec des branches d'osier pelées ; ces insectes préfèrent l'odeur de ce bois à celle de tout autre. On place ces nattes à la tête du lit. entre le bois et la paillasse; elles s'y réunissent et chaque matin on en détruit; on continue cette opération jusqu'à ce qu'on n'en trouve plus. Il faut renouveler ces nattes, parce qu'étant sèches ou vieilles, elles n'exhalent plus l'odeur qui les attire, et les faire dans la saison où l'osier est en sève. Beaucoup de maisons ont été progressivement désinfectées par ce seul procédé aussi simple que naturel, ce que n'avait pu faire même l'huile de vitriol.

On a réussi à éloigner les punaises en mélangeant dans la paille du lit des tiges fraîches et entières de chanvre mâle.

D'autres personnes ont fait disparaître ces insectes en répandant de ces mêmes tiges dans les chambres qui en sont infestées.

Les tiges fraîches de roseau mises en guise de paille, des branches menues de pelossier ou mûrier sauvage, de même que de l'herbe de fougère, sont encore un excellent préservatif à employer contre ces insectes.

Toutes les huiles, et particulièrement l'huile d'olive rancie, d'anis, de fenouil, les éloignent et les tuent.

On mélange dans un vase :

95 grammes (3 onces) fiel de bœuf,
16 grammes (1/2 once) pétrole,
1/2 litre de fort vinaigre,
1/4 de litre de forte eau de savon.

Avec un pinceau on imbibe de cette liqueur les endroits où sont les punaises. Au bout de quatre jours elles auront toutes disparu.

On a réussi à détruire les punaises en frottant les lits avec du blanc d'œuf dans lequel on avait broyé du mercure.

On frotte aussi les bois de lit et les emboîtures avec du blanc de baleine. Des voyageurs, pour se garantir des punaises, s'en frottent légèrement le cou, les bras, les jambes, le nombril.

On fait aussi bouillir des feuilles de noyer ou des écales de noix vertes avec des feuilles de fèves, jusqu'à ce que l'eau soit bien chargée, et avec laquelle on lave les meubles. Cette opération fera périr tous les insectes qui pourront se trouver autour du lit ou dans l'intérieur.

Pour faire disparaître les punaises logées

dans les murs, on bouche les trous et les crevasses, puis on les blanchit avec de la chaux vive dissoute dans de l'eau de vitriol.

24. Plusieurs procédés pour détruire les teignes, mites ou artes.

On n'ignore pas les ravages que fait la teigne dans les pelleteries et les étoffes en laine. Aussi les marchands pelletiers renferment-ils leurs marchandises les plus précieuses dans des fourneaux de fer ou de fonte.

On prend de la pierre spéculaire très-fine, on la sème sur les étoffes qu'on désire garantir; lorsqu'on veut s'en servir, on les fait battre et la poudre tombe.

Pour détruire les teignes et leurs œufs, on fait rougir des briques, puis on les arrose de vinaigre fort; on tient au-dessus les objets atteints de ces bêtes, de sorte que la vapeur les tue entièrement.

Pour éloigner ces bêtes, on prend :
32 gram. (1 once) de camphre pulvérisé,

16 gram. (1/2 once) d'huile de lavande,
52 gram. (1 once) de romarin,
1/2 kilog. (1 livre) fleurs de lavande,
2 kilog. 1/2 (5 livres) de sciure de bois de pin,
puis des branches de pin qu'on hache en petits morceaux ; on fait des sachets de toutes ces drogues mêlées ensemble, et on les place parmi les objets qu'on veut préserver.

Comme les teignes ne s'attachent jamais à la laine grasse de mouton, beaucoup de personnes s'en préservent en frottant avec de la laine grasse mais propre de mouton fraîchement tué les étoffes que l'on veut garantir, ce qui n'endommage ni les étoffes ni les couleurs.

On met un morceau de camphre dans un petit sac, lequel est mis parmi les étoffes ou vêtements placés dans l'armoire; l'odeur éloigne les insectes qui y sont cachés.

Les étoffes teintes avec de l'orseille ne sont pas atteintes des insectes rongeurs.

25. Pour la destruction les taupes.

On arrose soir et matin des plaques de

gazon, qu'on transporte aux endroits où sont les taupes; en renversant la plaque, on trouve souvent la bête.

26. Pour éloigner les mouches des meubles et des dorures.

On frotte les murs et boiseries d'huile de laurier dont l'odeur éloigne les mouches.

CHAPITRE III.

GUÉRISON DE DIVERSES MALADIES.

—

27. Baume de Sainte-Geneviéve.

Ce baume est excellent pour toutes les douleurs quelconques, rhumatismes, pleurésies, maux de tête, maux d'estomac qu'il fortifie, et contre la morsure d'animaux venimeux; on l'étend chaudement sur la partie malade, puis on en met environ 8 grammes dans un bouillon que le malade boit. Ce baume est encore très-bon pour les parties ulcérées, gangrenées, blessées et meurtries. On couvre la place affectée du linge avec lequel on l'aura frottée après avoir étendu ce baume.

Il se compose:
Huile d'olive 1,500 gram. (3 livres).
Cire jaune en morceaux 250 gram. (1/2 liv.).
Eau de rose 250 gram. (1/2 liv.).
Santal rouge en poudre 62 gramm. 1/2
  (2 onces).
Vin rouge vieux 1 litre 1/2.

Le tout doit être mis dans un vase de terre verni contenant environ 6 litres: on fait bouillir ce mélange pendant une demi-heure, on remue pendant ce temps avec une spatule en bois, et on ajoute un 1/2 kilogr. de térébenthine de Venise qu'on incorpore avec la spatule durant deux ou trois minutes, puis on retire le vase du feu, on le laisse un moment passer sa chaleur, ensuite on y ajoute 8 gram. de camphre en poudre qu'on mélange bien avec la spatule. On coule cette liqueur à travers un linge dans un autre vase, on la laisse reposer jusqu'au lendemain, jusqu'à ce qu'elle soit bien figée, et on fait des incisions en croix pour en faire sortir le liquide. On met ce baume dans un vase en faïence pour le conserver.

28. Pour prévenir un mal de doigt.

On trempe deux ou trois fois son doigt dans de l'eau qui aura été en ébullition avec de la chaux; on remue l'eau chaque fois qu'on s'en sert.

29. Procédés pour la brûlure.

Plusieurs personnes se sont guéries de la brûlure en trempant de suite la place affectée dans de l'eau fraîche; on renouvelle souvent l'eau.

D'autres personnes ont mis de suite sur la place atteinte de la confiture et ont eu pleine guérison.

30. Excellent onguent pour la brûlure.

On fait fondre sur un feu doux 32 gram. (1 once) de cire vierge, à quoi on ajoute 48 gram. (1 once 1/2) très-bonne huile d'olive avec 2 jaunes d'œufs durcis sous la cendre. On remue jusqu'à ce que ce mélange ait acquis la consistance d'onguent, qu'on garde pour l'usage ; on en étend une couche mince sur le linge destiné à couvrir la place ; on réitère cette opération deux fois le jour, et la guérison est très-prompte.

31. Pour arrêter la carie des dents.

On fait bouillir dans 1/4 de litre de vin une tête de pavot ; la cuisson faite, on y ajoute 125 gram. (4 onces) de miel. Ce liquide ainsi préparé, on s'en gargarise à diverses reprises ; les vers rongeurs périssent et la carie cesse.

32. Pour faire périr les vers.

On met entre deux linges fins de l'ail pilé en suffisante quantité, on place cet appareil sur le nombril. Par ce procédé bien simple, beaucoup d'enfants ont été délivrés des vers, ils les ont évacués le lendemain.

On pèle du long plantain ou plantain à

longues feuilles, on en exprime le jus, on en
met dans un cuiller pleine de vinaigre autant de gouttes que l'enfant a d'années; on
réitère deux ou trois fois, et l'enfant n'é-
prouve pas de douleurs, vu que les vers
ont péri et se trouvent par morceaux dans
les excréments.

33. Pour les gerçures de la peau.

On saupoudre de farine d'orge la place
affectée, et on met ensuite une compresse
d'eau miellée. On la graisse aussi avec du
beurre frais.

34. Pour un coup de soleil.

On remplit d'eau fraîche une bouteille à
large goulot, on la couvre d'un linge clair,
on l'applique sur la place affectée; lorsque
l'eau est chaude, on la renouvelle jusqu'à
pleine guérison, qui ne tarde pas à avoir
lieu.

35. Pour guérir la gale.

On mélange 50 gram. (1 once 1/4) de
patience avec autant de bardanne; on en

fait une tisane dont on boit huit bouteilles pendant le traitement, qui doit durer huit jours ; on commence à se frotter toutes les jointures avec la pâte ci-après :

On mélange 125 gram. (1/4) de beurre avec autant de fleur de soufre et de sel de cuisine ; on se frotte devant le feu avant de se coucher : au bout de peu de jours on est parfaitement guéri ; on prend ensuite un bain et un purgatif.

On mélange aussi dans un vase en terre :

Poudre à canon. . .	32 gram. (1 once)	
Poivre	id.	id.
Fleur de soufre . . .	id.	id.
Beurre frais	62 gram. 1/2 (2 onc.)	
Jaunes d'œufs . . .	2	

On place le vase sur un petit feu jusqu'à ce que cela ait pris la consistance de pâte, avec laquelle on se frotte soir et matin ; le malade doit prendre aussi le matin et le soir de la fleur de soufre.

36. Pour le dévoiement.

On fait cuire dans un litre 1/2 d'eau une

forte poignée de traînasse, avec une queue de mouton jointe à un morceau du derrière, jusqu'à la réduction d'un demi-litre ; on passe ce bouillon, puis on y joint 125 gram. (1/4 livre) d'huile d'olive; on boit ce liquide qui procure une entière guérison.

37. Pour la fleur de sang.

On cuit dans de l'eau de riz une pincée de mélisse, autant de menthe, et on y joint 9 fruits de l'églantier ; la cuisson faite, on boit cela après l'avoir bien sucré, ce qui procure une parfaite guérison.

Pour les enfants le remède est différent.

On fait cuire dans de l'eau chaude du fin amidon, on presse ce bouillon, on y joint une brioche toute chaude ; on mange cela comme de la soupe. On peut répéter ce remède qui procure une prompte guérison.

38. Pour extirper les verrues.

Tous les matins on les mouille à jeun avec sa salive, on frotte un peu fortement, et elles disparaissent entièrement.

On frotte aussi à diverses fois les verrues avec une limace rouge, ce qui procure une disparition prompte de ces boutons.

39. Pour guérir de la teigne.

On fait fondre 250 gram. (1/2 livre) de poix blanche dans laquelle on met 125 gram. (1/4 livre) d'amidon et 185 gram. de vinaigre. Quand le tout est mélangé, on l'étend sur un linge qu'on applique sur la tête.

40. Guérison des maux de ventre.

On fait boire au malade de l'eau-de-vie dans laquelle on aura mélangé de l'huile et de l'eau de fleur d'oranger ; si la douleur ne passe pas, on lui en fait boire une seconde dose. Si le malade peut reposer, la guérison sera prompte.

41. Pour guérir les yeux.

Dans une topette à sirop pleine d'eau bien claire, on met infuser pendant 24 heures la valeur d'un dé à coudre plein de sucre candi pilé très-fin, iris de Florence autant, et encore autant de sulfate de zinc ou couperose blanche en poudre. Le matin en se levant on baigne ses yeux. Au bout de huit jours la guérison est parfaite.

42. Pour guérir les maux de tête.

On dissout dans de l'eau trois ou quatre morceaux d'acide citrique ou extrait de citron, chacun de la grosseur d'un pois; on boit cette solution : en moins d'une demi-heure, quelle que soit l'intensité de la migraine, elle cèdera à ce puissant remède. Le malade pourra continuer ses occupations ordinaires, et une demi-heure après il se trouvera bien et exempt de maux de tête.

43. Pour guérir les engelures.

On frotte avec du sain-doux les mains ou les pieds où se trouvent les engelures, puis on les présente au feu ; on en supporte la chaleur aussi élevée que possible. Cette opération se fait le soir, on la répète une seconde fois le jour suivant, et la guérison est complète.

44. Remèdes propices contre les panaris.

On mêle une cuillerée de cendres de sarment de vigne dans la valeur d'un verre moyen d'eau chaude de rivière, on y baigne son doigt, et on répète jusqu'à guérison. Ce moyen a toujours été employé avec succès, et se recommande naturellement par sa simplicité.

Lorsque le doigt est attaqué d'un panaris, il suffit de le plonger dans un œuf très-frais, et de l'y laisser quelques moments : l'œuf durcit comme s'il était exposé au feu; on en retire le doigt, et l'inflammation ainsi que la douleur ont entièrement disparu.

45. Pour faire passer les cors aux pieds.

On met dans un verre d'eau de rivière pour la valeur de 5 centimes de vitriol vert, réduit en poudre très-fine qu'on laisse infuser pendant vingt-quatre heures. Le soir avant de se coucher, on coupe son cor aussi près que possible sans cependant le faire saigner, on prend du dépôt qui est au fond du vase avec le bout d'un couteau, on le place sur le cor coupé, on met par-dessus un linge au-dessus duquel on met encore un autre linge pour garantir les draps du lit de la rouille.

On fait aussi cuire une gousse d'ail dans la braise ou la cendre chaude, puis on l'applique sur le cor en l'assujettissant avec un linge, et on va se coucher. Le caustique amollit tellement le cor qu'il se détache et est enlevé au bout de deux ou trois jours, quelque invétéré qu'il soit. Ensuite on trempe son pied dans de l'eau tiède ; en peu d'instants la corne du cor s'enlève. Il est prudent de renouveler ce remède deux ou trois fois en vingt-quatre heures.

46. Procédé pour dénouer les enfants.

On fait cuire de l'herbe nouée avec de la menthe et de la sauge, puis on baigne l'enfant dans l'eau qui a servi pour la cuisson. On remplit ensuite un petit sac de lima-

ons, on les saupoudre de sel pour les faire
érir; on ramasse dans un vase ce qui dé-
oule du sac. Avec ce jus on graisse l'enfant
xposé au soleil ou à un feu vif, puis on
e place dans un lit chaud; on réitère le
emède jusqu'à pleine guérison qui a lieu
u bout d'un ou deux mois au plus.

47. Pour arrêter le sang qui coule du nez.

On froisse dans ses mains des feuilles
l'orties, qu'on place sur son nez en forme
le tentes, et le sang s'arrête.

48. Pour faire disparaître une dartre sèche.

On la frotte deux ou trois fois avec de la
rème, ou on mâche une noix, noisette ou
amande qu'on place sur la partie affectée,
t la guérison a lieu en peu de temps.

49. Pour enlever les taches de rousseur sur le visage.

On lave la partie tachée avec de l'eau
fraîche, on l'essuie, puis on frotte légèrement avec un linge imbibé de lait d'amandes. On réitère diverses fois cette friction
et la tache disparaît.

CHAPITRE IV.

PROCÉDÉS DIVERS TRÈS-IMPORTANTS.

—

50. Pour faire du plomb de chasse.

On fond du plomb, on le verse dans une passoire sous laquelle est placé un vase plein d'eau froide. Les gouttes de plomb tombant dans l'eau froide s'arrondissent et forment de petits grains de différentes grandeurs que l'on sépare à travers des tamis dont les trous sont aussi plus ou moins grands.

51. Mastic résistant à l'eau et au feu.

On met dans un demi-litre de vinaigre une même quantité de lait, lequel se coagule; on prend le petit bout dans lequel on mélange 5 blancs d'œuf, qu'on bat bien; on y mêle de la chaux tamisée jusqu'à la consistance de pâte. Lorsqu'on aura appliqué ce mastic, si on le laisse bien sécher, il sera à l'épreuve de l'eau et du feu.

52. Mastic pour la faïence.

On réduit en poudre très-fine des écailles d'huître, ensuite on la passe au tamis de soie ou on la broie sur le marbre, puis on la mélange dans plusieurs blancs d'œufs; on en fait une colle avec laquelle on lie les deux parties qu'on veut joindre, et on les tient serrées pendant quelques minutes.

53. Mastic pour le bois.

On mêle des cendres très-fines tamisées avec du suif fondu, on fait une pâte qu'on pétrit avec une petite pelle de bois. On n'en fait que la quantité nécessaire, parce que ce mastic durcit très-vite.

54. Ciment résistant à l'eau.

On mêle, à parties égales, de la poix liquide et du vieux suif qu'on fait bouillir dans une chaudière et qu'on retire du feu lorsque l'écume monte; on laisse refroidir, on y jette de la chaux pilée, on remue le tout ensemble jusqu'à ce que cela ait pris la consistance de pâte. Ce mastic est excellent pour boucher les crevasses des réservoirs et empêcher la filtration des eaux.

55. Pour nettoyer la laine, la soie et le coton sans altérer ni le tissu ni la couleur.

On pèle deux ou trois pommes de terre de grosseur moyenne, on les réduit en pulpe fine dans 2 litres d'eau, on passe à travers un tamis grossier, on laisse déposer la fécule; on étend son tissu sur une table; on applique de cette eau avec une éponge fine jusqu'à ce que l'étoffe soit propre; on la lave ensuite à l'eau claire. La pulpe qui est restée sur le tamis est employée à laver le gros linge.

56. Pour graver facilement sur le verre.

On chauffe le verre, on l'enduit d'une couche de cire qu'on laisse refroidir, puis on peint les traits dessinés de manière à pénétrer jusqu'au verre; on plonge ensuite dans l'acide sulfurique et on saupoudre de sulfate de chaux. Après un certain temps, on chauffe le verre pour ôter la cire; les traits sont très-bien marqués par ce procédé.

57. Pour faire sortir le vin d'une bouteille et la remplir d'eau sans la toucher.

On remplit de vin une petite bouteille à goulot très-étroit; on la plonge dans un vase de verre plein d'eau, dont la hauteur dépasse de 2 pouces celle de la bouteille; on voit aussitôt le vin s'élever en forme de petite colonne et nager à la surface de l'eau, qui, de son côté, va occuper le fond de la bouteille.

58. Pâte pour les rasoirs et autres instruments tranchants.

On pile de l'ardoise, ensuite on la tamise avec un tamis de soie, et l'on en fait une pâte avec de l'eau de puits et de l'huile d'olive fine.

59. Recette pour couper le verre avec des ciseaux.

Vous avez soin de bien huiler avec de

l'essence de térébenthine le verre que vous désirez couper, et vous le verrez céder facilement au tranchant des ciseaux.

60. Encre très-bonne et peu coûteuse.

Eau pure, 1 litre.
Noix de galle, 96 gram. (5 onces).
Bois de campêche, 24 gram. (3/4 d'onc.).
Gomme arabique, 52 gram. (1 once).
Sulfate de fer, 52 gram. (1 once).
On fait cuire ces drogues avec de l'eau pendant une demi-heure, puis on ajoute la gomme qu'on laisse bien dissoudre ; on passe le liquide par un tamis et l'encre est faite.

61. Encre pour marquer le linge.

On fait dissoudre 52 grammes (1 once) de sous-carbonate avec 8 grammes (2 gros) de gomme arabique dans 52 grammes (1 once) d'eau commune. On se sert de cette solution pour gommer le linge à l'endroit où l'on veut marquer les lettres.

Pour marquer les lettres on se sert de la préparation suivante :

Nitrate d'argent,   8 grammes (2 gros).
Gomme arabique,   4 grammes (1 gros).
Eau distillée,   24 grammes (6 gros).
On colore cette encre avec de l'encre de Chine ou avec du noir de fumée ; on ne gomme pas trop le linge ; la place gommée étant sèche, on la lave afin de détruire l'action de la soude.

62. Pour empêcher l'acier de se rouiller.

Pour prévenir la rouille sur les objets d'acier poli, on les frotte avec de la chaux vive en poudre, et avant de les expédier on les trempe dans de l'eau de chaux.

63. Pour enlever la rouille du fer.

On frotte le fer rouillé avec un linge imbibé d'huile de tartre.

64. Pour prendre les oiseaux avec la main.

On se procure de la graine dont les oiseaux se nourrissent et de celle dont ils sont le plus friands ; on la met tremper dans de la lie de vin ou dans une décoction d'ellébore blanc avec du fiel de bœuf. Avec cet appât on prend toutes sortes d'oiseaux.

65. Pour faire venir beaucoup de poissons à l'endroit où l'on veut pêcher.

On répaud peu à peu du vin sur du fromage de Gruyère, que l'on broie avec de l'huile d'olive dans un mortier; lorsque cette pâte est faite, on y joint quelques gouttes d'eau de rose, puis on fait de petites boulettes de la grosseur d'un pois, qu'on jette dans l'eau, à l'endroit où l'on se propose de pêcher. On jette les boulettes le soir pour pêcher le matin, et on en jette le matin pour le soir.

66. Matelas bons et peu coûteux.

Au mois d'août ou de septembre, lorsque la mousse des bois est dans sa grande force, on choisit un jour sec pour en ramasser, aussi longue que possible; on en secoue la terre et surtout les racines; on la fait sécher à l'ombre, assez pour qu'elle ne soit pas cassante, afin de pouvoir en séparer toute la terre. On la met sur des claies,

puis on la bat légèrement avec des baguettes pour finir de la nettoyer; on coupe
en même temps ce qui se trouve de dur. La
mousse étant ainsi préparée, on en fait des
matelas de 25 à 30 centimètres (10 pouces)
d'épaisseur; on les confectionne de la
même manière que ceux de crin. Lorsque
les matelas sont aplatis par l'usage, on les
bat avec de petites baguettes et ils re-
prennent leur première épaisseur. On peut
s'en servir long-temps sans renouveler la
mousse.

67. **Pour se blanchir les mains et le visage.**

On délaie dans du lait des pommes de
terre cuites et bien farineuses, puis on s'en
frotte les mains, et on en obtient le même
avantage qu'avec la pâte d'amandes.

On met un petit morceau de beurre frais
entre deux linges secs; on se frotte le visage, de façon que toute la crasse est dé-
posée sur le linge; puis on se lave avec du
savon pour ôter la graisse et achever sa
toilette.

68. Pour rendre le lustre aux galons d'or et d'argent.

On chauffe de l'esprit de vin avec lequel on humecte la place ternie en la frottant.

69. Pour donner une bonne odeur au linge.

On rassemble des fleurs à bonne odeur, telles que roses, œillets, jasmins, violettes, etc. On les fait sécher à l'ombre, on répand par-dessus de la poudre de muscade et de girofle; on met le tout dans un petit sac de taffetas, qu'on place parmi ses habits ou son linge.

70. Pour nettoyer le cuivre doré.

On le frotte avec du blanc d'Espagne dissous dans de l'eau.

71. Pour faire rapporter du fruit aux vieux arbres.

Pendant l'hiver on applique sur les vieux arbres une couche de chaux vive détrempée dans de l'eau; il résulte de ce procédé la destruction des mouches et autres insectes; la vieille écorce tombe et une nouvelle la remplace. On verra la plupart de ces arbres reprendre de la vigueur et une apparence de jeunesse, et ils donneront du fruit en abondance. Par ce procédé on prolonge leur durée. L'expérience en a été faite par un riche propriétaire qui, pour conserver des arbres précieux pour la qualité de leurs fruits et la beauté de leurs branchages, a fait bâtir à chaux et à sable tous ses arbres creux. Il fait recrépir chaque année en automne ceux qui en ont besoin. Depuis qu'il prend cette précaution, il n'a perdu aucun arbre.

Ce procédé a également réussi à des chênes, des ormes et des tilleuls.

72. Pour ôter les taches de fer sur le linge.

Faites bouillir de l'eau dans un vase et exposez les taches à la vapeur de cette eau, puis mettez sur ces taches du jus d'oseille avec du sel; le linge en étant bien pénétré, il faut le mettre à la lessive.

73. Pour ôter les taches d'encre sur le drap et le linge.

Mouillez incontinent le linge dans du jus

de citron, dans du suc d'oseille ou dans du vinaigre empreint de savon blanc.

74. Pour ôter les taches d'huile d'un drap.

On prend de l'huile de tartre qu'on met sur la tache, puis on la lave aussitôt d'eau tiède, ensuite deux ou trois fois d'eau froide, et il sera fort bien nettoyé.

75. Lait virginal.

Prenez 48 grammes (1 once 1/2) de benjoin, autant de storax et 32 grammes (1 once) de baume blanc du Levant ; mettez le tout dans une fiole de verre épais, et par-dessus 75 centilitres (3 demi-setiers) d'esprit de vin. Faites digérer sur les cendres chaudes jusqu'à ce que l'esprit de vin soit d'une belle couleur rouge. Pour s'en servir on en met deux ou trois gouttes dans un demi-verre d'eau claire, et elle deviendra blanche comme du lait. On s'en lave le visage et la bouche pour se blanchir la peau et les dents. On en prend intérieurement pour les chaleurs de poitrine et l'extinction de voix.

76. Procédé drôle pour prendre des corneilles et des corbeaux.

Si vous voulez prendre des corneilles et des corbeaux vivants, vous ferez des cornets de papier fort qui soit gris ou bleu, vous les frotterez en dedans avec de la glu et y mettrez quelques morceaux de viande puante pour les attirer; en sorte que, fourrant leurs têtes dans ces cornets, la glu les attachera à leurs plumes, et ils en seront affublés comme d'un capuchon qui leur bouchera la vue; quand ils voudront s'envoler, ils ne le pourront, et il sera facile de les prendre.

77. Pour séparer l'huile d'avec l'eau.

L'huile, comme on sait, étant plus légère que l'eau, gagne la partie supérieure; quand on veut l'en séparer, il suffit d'y plonger une mèche de coton qui, de ce vase, va se rendre dans un autre; aussitôt l'huile, suivant les lois de la capillarité, monte peu à peu dans la mèche et distille goutte à goutte par l'extrémité du coton qui tombe dans le vase vide.

78. Pour connaître s'il y a de l'eau dans le vin.

On met dans le tonneau une poire ou une pomme sauvage, et si la poire ou la pomme surnage, c'est une preuve qu'il n'y a pas d'eau; s'il y en a, elle ira au fond.

79. Pour séparer l'eau du vin.

On met dans le tonneau une mèche de coton ou de lin qui trempe par un bout dans le vin, et qui sorte du tonneau par l'autre bout, et l'eau sortira par ce filtre.

On peut aussi mettre du vin dans une tasse faite de bois de lierre ; l'eau transsudera au travers de la tasse et le vin restera.

80. Pour faire revenir les sens et la raison à un homme ivre.

Il faut lui faire boire un grand verre de vinaigre ou du suc de choux, ou lui faire avaler du miel.

81. Ecritures invisibles qui paraissent par leur exposition à la chaleur.

On peut écrire avec différents liquides

incolores et faire paraître ces écritures en les chauffant plus ou moins ; ainsi, en écrivant avec :

Le suc de citron, l'écriture paraît en brun ;

L'acide sulfurique très-affaibli, en roux ;

L'acide acétique (vinaigre blanc), en rouge pâle ;

Le suc d'ognon, en noirâtre ;

Le suc de cerise, en verdâtre.

Il est indifférent de faire chauffer ces écritures humides ou sèches ; mais il est bon de faire observer que le degré de chaleur n'est pas égal pour toutes : l'acide citrique est celui qu'on doit le moins chauffer. Tout porte à croire que cette coloration est due à l'action de ces acides sur le papier, action qui est favorisée par la chaleur.

82. Procédé très-simple pour connaître la bonté de la poudre à tirer.

Ce procédé consiste à verser un dé à coudre plein de poudre sur du papier, et à l'enflammer en la touchant légèrement avec un charbon allumé ; si la poudre est bonne, elle s'élève tout-à-coup dans l'air avec une fumée blanche et claire, en ne laissant sur le papier qu'une tache ronde et grisâtre; si elle est mauvaise, le papier est brûlé.

83. Pour rendre hideux les visages d'une réunion de personnes.

Agitez dans de l'alcool de l'hydro-chlorate de soude et du safran; trempez dans cette liqueur une éponge et des étoupes allumées, et éteignez les bougies : dès lors la couleur de la peau paraîtra verte, et celle des lèvres olive foncée.

84. Pour empêcher que les mouches ne s'attachent aux tableaux ou à autre chose.

On fait tremper une botte de porreaux cinq ou six jours dans un demi-seau d'eau, et on lave son tableau ou autre chose avec cette eau. Ce secret est important et très-éprouvé.

85. Pour empêcher quelque chose de brûler au four.

Prenez de la gomme de cerisier et de l'alun par parties égales, mettez le tout en pou-

dre, imbibez-le de bon vinaigre, laissez-le
en digestion sur des cendres chaudes l'espace de 24 heures, ensuite vous frotterez
de cette matière tout ce que vous jetterez
dans le feu, et il ne brûlera point.

**86. Pronostics pour reconnaître les changements
de température.**

On a remarqué qu'il pleut presque toujours deux ou trois jours après que la terre
a été couverte le matin d'une grosse rosée
blanche.

Si le soleil se lève avec une apparence
rouge ou pâle, il pleut ordinairement dans
la journée. Il pleut le lendemain s'il se couche enveloppé d'un gros nuage; si, après
cet indice, la pluie tombe sur-le-champ, il
fait le lendemain beaucoup de vent. Le
vent est encore annoncé par l'aspect pâle
du soleil couchant.

Un ciel rouge au levant annonce une
pluie future; le même aspect du ciel, à
l'endroit où le soleil se couche, est une
marque de beau temps. Si, le soleil étant

couché, ou avant qu'il se lève, il se forme sur les marais, sur les eaux ou sur les prés une vapeur blanche, on peut conclure que le jour suivant sera beau et qu'il sera chaud.

Si la lune étant pleine se lève bélle et bien claire, elle indique une suite de plusieurs beaux jours. Se lève-t-elle pâle, elle indique une pluie future. On peut présager du vent quand la lune est rouge à son lever.

Les indices d'une pluie future sont :

Lorsque les oiseaux semblent, avec leur bec, chercher les poux parmi les plumes;

Lorsque ceux qui se tiennent ordinairement perchés sur les arbres rentrent dans leurs nids;

Lorsque les oiseaux aquatiques, surtout les oies, trépignent et crient plus qu'à l'ordinaire;

Lorsqu'ils recherchent la terre, et que les oiseaux de terre recherchent l'eau;

Lorsque les abeilles s'éloignent peu de leurs ruches, ou n'en sortent pas du tout;

Quand les mouches et les puces piquent vivement;

Lorsque les moutons bondissent extraordinairement et se battent à coups de tête;

Lorsque les ânes secouent les oreilles;

Lorsque les vers de terre sortent en grande quantité;

Lorsque les grenouilles coassent plus qu'à l'habitude;

Lorsque les chats se peignent la tête avec les pattes de devant et se nettoient le reste du corps avec la langue;

Lorsque les renards et les loups poussent des hurlements plus forts qu'à l'ordinaire;

Lorsque les fourmis abandonnent leur travail et se cachent dans la terre.

Lorsque les bœufs attachés ensemble lèvent la tête et se lèchent le museau;

Lorsque les pigeons rentrent dans leur colombier;

Que le coq chante de plus bonne heure que de coutume;

Que les poules rassemblées se pressent dans la poussière;

Que les dauphins se montrent souvent sur la mer;

Ou que les cerfs se battent, etc.

Si l'arc-en-ciel paraît, à l'orient surtout, avec des couleurs bien vives, il annonce une grande pluie; il pleuvra peu s'il se montre à l'occident, mais alors il présage aussi le tonnerre; il fait espérer le beau temps s'il paraît le soir à l'orient; il indique du vent quand sa couleur est bien vive.

S'il paraît un iris autour de la lune, il annonce de la pluie causée par le vent du midi; s'il apparaît autour du soleil, dans un temps serein et clair, c'est un indice de pluie; si, au contraire, ce signe se montre en temps de pluie, il annonce le retour du beau temps.

Lorsque les feuilles sont agitées sans que le vent souffle, elles annoncent un changement de temps.

Quand on voit un iris autour d'un flambeau, d'une chandelle ou d'une lampe; quand le feu a de la peine à s'allumer; lorsque la flamme, au lieu d'aller en haut, se tourne de côté, et que ses rayons réfléchissent; quand la chair salée ou le sel devient humide, et quand les pierres sont mouillées, cette humidité montre que l'air est chargé de vapeurs humides.

En été on est menacé d'une tempête, lorsqu'on voit dans le ciel de petits nuages noirs détachés, et plus bas que les autres, errer çà et là, ou lorsque au lever du soleil on voit plusieurs nuages s'assembler à l'occident ; si ces nuages se dissipent, c'est une marque de beau temps. Si le soleil paraît double et triple au travers, il pronostique une tempête de longue durée. Une grande tempête est aussi annoncée quand on voit autour de la lune deux ou trois cercles interrompus et tachetés.

87. Flambeaux qui ne s'éteignent ni au vent ni à la pluie.

Faites bouillir de vieilles cordes dans une solution de nitrate de potasse (salpêtre), faites-les sécher et entourez-les d'un mélange fait avec le soufre en poudre, la poudre à canon et l'eau-de-vie ; après cela, faites fondre ensemble des parties égales de camphre, de soufre et de térébenthine avec trois parties de cire et de résine, et trempez-y les cordes préparées; vous en réunirez ensuite quatre pour en faire une torche, en ayant soin de mettre au centre un mélange de trois parties de soufre sur une de chaux vive.

88. Composition pour raccommoder le cristal, le verre, la porcelaine et la faïence.

Prenez 5 hectogrammes (1/2 livre) de caillé de lait écumé, lavez-le jusqu'à ce que l'eau qui sert au lavage devienne limpide; exprimez toute l'eau; puis mélangez ce caillé avec 6 blancs d'œufs; exprimez d'un autre côté le jus d'une quinzaine de gousses d'ail, ajoutez-le aux deux premières substances, triturez le tout fortement dans un mortier, puis ajoutez chaux vive en poudre tamisée graduellement, assez pour en faire une pâte sèche que vous agitez jusqu'au moment où elle forme un mélange exact. Lorsqu'on veut s'en servir, on en prend une partie que l'on broie sur une glace avec la molette et un peu d'eau ; lorsqu'il est bien broyé, on le pose sur les fragments que l'on veut réunir ou dans les fentes que l'on veut boucher ; on adapte avec soin et on fixe avec force les objets à réunir, et on laisse sécher à l'ombre. Ce mastic résiste au feu et à l'eau bouillante si on a la précaution de le bien laisser sécher.

89. Moyen de rendre les chaussures imperméables.

On fait bouillir dans un demi-litre d'huile de lin 5 hectogrammes (1/2 livre) de suif de mouton, 187 grammes (6 onces) de cire blanche et 125 grammes (4 onces) de résine. Cette composition s'applique chaude (de manière cependant à ne pas brûler le cuir) sur les bottes ou souliers neufs ; on l'étend partout avec une brosse, et elle n'ôte rien à la souplesse du cuir en séchant.

Les pêcheurs restent très-long-temps dans l'eau avec des chaussures ainsi préparées sans qu'elles prennent l'humidité.

90. Conservation du lait pendant un temps indéfini.

M. Dirchoff, chimiste russe, a trouvé le moyen de conserver le lait pendant un espace de temps indéfini. Il fait évaporer du lait sur un feu très-doux jusqu'à ce qu'il se réduise en poudre sèche. Il met alors cette poudre dans une bouteille hermétiquement bouchée et cachetée, et lorsqu'il désire avoir du lait, il n'a qu'à faire dissoudre une petite quantité de cette poudre dans un peu d'eau. Ce mélange dissous a toutes les qualités et jusqu'au goût du lait le plus délicieux.

91. Recette contre les douleurs les plus invétérées.

Racine de guimauve, 52 gram. (1 once).
— de patience, autant.
— de chicorée, autant.
Réglisse, autant.
Chiendent, une poignée.
Follicule de séné, 20 gram. (5 gros).
Rhubarbe, 4 gram. (1 gros).
Sel Globert, 8 gram. (2 gros).

On fait bouillir le tout dans un pot neuf,
dans lequel on aura mis 2 litres d'eau de
rivière qui doivent être réduits à un. On
en boit trois verres par jour et deux heures
avant de manger, le matin, à midi et le soir.
On peut également vaquer à ses affaires.

92. Remède contre les efforts et les points.

Feuilles de verveine, une poignée; poin-
tes d'orties, autant; farine de seigle, autant.
Après avoir bien pilé ces feuilles, on y met
la farine et un petit verre d'eau-de-vie; on
mélange bien, puis on ajoute deux ou trois
œufs, selon la largeur de la partie malade.
On les casse, on fait ensuite le mélange
qu'on met dans un poêlon, on en fait une
crêpe (*matefin*) qu'on fait cuire à petit feu;
quand l'omelette est faite, on y râpe de la
noix muscade du côté non cuit, après quoi
on l'applique sur la partie malade, aussi
chaud qu'on pourra supporter; on récidive
jusqu'à trois fois pour entière guérison. On
doit se tenir couché sur le dos.

93. Friction excellente pour les douleurs.

On prend de la mousseline qu'on imbibe d'huile d'olive très-fine, on la suspend et on y met le feu; on se frotte avec force à la chaleur du feu ou du soleil, avec une mousseline imbibée de l'huile qui découle de celle qui brûle, et on la laisse sur le mal.

94. Pour faire sauter un pain en cuisant au four.

Au moment d'enfourner le pain, placez dans la pâte une coquille de noix remplie d'un mélange de mercure, de soufre vif et de salpêtre, et recouvrez-le de manière à ce qu'il ne puisse pas en sortir; dès que le pain commencera à cuire, on le verra sauter dans le four.

C'est par le moyen du mercure placé dans un pot où l'on fait cuire des pois qu'on les fait sauter hors du vase aussitôt que l'eau entre en ébullition. Il en est de même des pommes, qu'on fait sauter sur une table en les faisant cuire, après avoir introduit du mercure au centre. Il est probable que ces effets sont dus à la dilatation et à la gazéification de ce métal.

95. Pour graver sur l'acier avec une plume.

On fait chauffer une lame de couteau, de sabre, etc. ; on la frotte avec de la cire blanche, de manière à ce qu'il en reste une couche d'une demi-ligne bien unie. On écrit avec une plume sur la cire, de manière à pénétrer jusqu'à l'acier. On verse sur la gravure un peu de vinaigre qu'on saupoudre avec du deuto-chlorure de mercure (sublimé corrosif). Deux minutes après, on expose la lame à une douce chaleur pour enlever la cire, et on aperçoit bien distinctement la gravure sur la lame.

96. Chandelles de glace qui brûlent.

Prenez une chandelle que vous enduirez d'un mélange de charbon et de soufre en poudre, en couvrant de papier sa partie supérieure; trempez-la dans l'eau et exposez-la à l'air pendant les fortes gelées; il s'y formera tout autour une légère couche de glace qui deviendra d'autant plus épaisse que cette chandelle recevra un plus grand nombre de couches d'eau par des immersions successives. Quand elle sera au point désiré, on pourra l'allumer par le bout recouvert de papier.

97. Changements curieux de couleurs.

Prenez trois verres vides; après avoir rincé le premier avec du vinaigre, le second avec une solution de potasse, et le troisième avec une solution d'alun, versez dans le premier une infusion de bois d'Inde : en l'agitant dans le verre, sa couleur disparaît; versez-la dans le second, sa couleur reparaît aussitôt; enfin, faites-la passer dans le troisième, elle prendra la couleur noire.

98. Pour détruire la couleur rose d'un ruban et la rétablir.

Plongez un ruban rose dans de l'acide nitrique étendu de huit ou dix parties d'eau, et, dès que sa couleur aura disparu, plongez-le dans une solution alcaline très-affaiblie, ou bien lavez-le avec de la terre à foulon mouillée. L'argile ou l'alcali neutralisant l'acide, la couleur reparaîtra aussitôt.

99. Pour forcer un olivier vieux à donner beaucoup d'olives.

Ce moyen consiste à enlever circulairement de ses jeunes branches un pouce d'écorce, à la remplacer de suite par une écorce semblable, prise sur de jeunes oliviers, et à recouvrir le tout, comme pour les entes ordinaires, afin de cicatriser les plaies. Par cette ente en couronne, ces branches produisent beaucoup de fruit.

100. Crayon sympathique pour écrire sur le verre.

Formez un crayon avec de la craie d'Espagne et du sulfate de cuivre; servez-vous-en pour écrire sur une glace ou une plaque de verre; effacez ensuite cette écriture avec un linge. Quand on voudra la faire reparaître, il suffira de haleter sur cette glace.

101. Écriture qui n'est lisible qu'en opposant le papier au soleil ou à la chandelle.

Prenez de la céruse ou autre couleur blanche et détrempez-la d'eau gommée avec de la gomme adragant; écrivez avec, et l'écriture ne s'apercevra qu'en opposant le papier à la lumière, parce que les lettres paraîtront moins pénétrées de la lumière que le reste du papier.

FIN.

TABLE.

—

CHAPITRE PREMIER.

CONSERVATION DES COMESTIBLES ET DES LIQUIDES.

Pour conserver la viande............... *page* 3
Pour convertir de la mauvaise eau et la rendre
    aussi saine que celle des fontaines......... 4
Conservation des œufs...................... *ib.*
Pour faire pondre les poules en hiver....... 5
Conservation des fruits, tels que raisins, pom-
    mes, poires, melons, etc.................. *ib.*
Conservation des haricots verts............. 6
Pour empêcher que les pommes de terre ne
    germent................................. 7
Pour empêcher que les pommes de terre et
    autres légumes ne gèlent................ *ib.*
Pour dégeler les pommes de terre, sans qu'elles
    perdent la qualité qu'elles avaient aupa-
    ravant................................. *ib.*
Pour empêcher les fruits de geler.......... *ib.*
Fromage excellent de pommes de terre..... 8
Pour faire du vinaigre en une heure........ *ib.*
Pour vieillir l'eau-de-vie en un instant..... 9

Clarification sans frais des liqueurs.......... 9
Conservation des vins...................... ib.
Pour rendre clair le vin tourné............. 10
Rétablissement du vin gâté................. ib.
Pour corriger un vin aigre ou moisi qui a pris
   le goût dans le tonneau.................. ib.
Très-bonne limonade...................... 11

CHAPITRE II.

DESTRUCTION DES ANIMAUX ET INSECTES NUISIBLES.

Pour détruire les rats et les souris.......... 12
Pour faire périr les chenilles............... ib.
Pour détruire les charançons............... ib.
Plusieurs procédés très-simples, économiques
   et éprouvés pour la destruction des punaises. 13
Plusieurs procédés pour détruire les teignes,
   mites ou artes. 16
Pour la destruction les taupes.............. 17
Pour éloigner les mouches des meubles et des
   dorures................................ 18

CHAPITRE III.

GUÉRISON DE DIVERSES MALADIES.

Baume de Sainte-Geneviève................. ib.
Pour prévenir un mal de doigt.............. 20

Procédés pour la brûlure...................... 20
Excellent onguent pour la brûlure........... ib.
Pour arrêter la carie des dents............. 21
Pour faire périr les vers.................... ib.
Pour les gerçures de la peau................ 22
Pour un coup de soleil...................... ib.
Pour guérir la gale......................... ib.
Pour le dévoiement......................... 23
Pour la fleur de sang....................... 24
Pour extirper les verrues................... ib.
Pour guérir de la teigne.................... 25
Guérison des maux de ventre............... ib.
Pour guérir les yeux........................ ib.
Pour guérir les maux de tête............... 26
Pour guérir les engelures.................. ib.
Remèdes propices contre les panaris........ 27
Pour faire passer les cors aux pieds........ ib.
Procédé pour dénouer les enfants. 28
Pour arrêter le sang qui coule du nez...... 29
Pour faire disparaitre une dartre sèche...... ib.
Pour enlever les taches de rousseur sur le
  visage.................................... ib.

CHAPITRE IV.

PROCÉDÉS DIVERS TRÈS-IMPORTANTS.

Pour faire du plomb de chasse.............. 30
Mastic résistant à l'eau et au feu........... ib.

Mastic pour la faïence....................... 31
Mastic pour le bois........................ ib.
Ciment résistant à l'eau.................... ib.
Pour nettoyer la laine, la soie et le coton sans
    altérer ni le tissu ni la couleur............ 32
Pour graver facilement sur le verre......... ib.
Pour faire sortir le vin d'une bouteille et la
    remplir d'eau sans la toucher............. 33
Pâte pour les rasoirs et autres instruments
    tranchants.............................. ib.
Recette pour couper le verre avec des ciseaux. ib.
Encre très-bonne et peu coûteuse........... 34
Encre pour marquer le linge................ ib.
Pour empêcher l'acier de se rouiller........ 35
Pour enlever la rouille du fer............... ib.
Pour prendre les oiseaux avec la main....... ib.
Pour faire venir beaucoup de poissons à l'en-
    droit où l'on veut pêcher................ 36
Matelas bons et peu coûteux............... ib.
Pour se blanchir les mains et le visage....... 37
Pour rendre le lustre aux galons d'or et
    d'argent................................ 38
Pour donner une bonne odeur au linge...... ib.
Pour nettoyer le cuivre doré............... ib.
Pour faire rapporter du fruit aux vieux arbres. ib.
Pour ôter les taches de fer sur le linge..... 39
Pour ôter les taches d'encre sur le drap et
    le linge................................. ib.
Pour ôter les taches d'huile d'un drap...... 40

Lait virginal...................................... 40
Procédé drôle pour prendre des corneilles et
   des corbeaux................................ 41
Pour séparer l'huile d'avec l'eau............. *ib.*
Pour connaître s'il y a de l'eau dans le vin.. 42
Pour séparer l'eau du vin.................... *ib.*
Pour faire revenir les sens et la raison à un
   homme ivre.............................. *ib.*
Écritures invisibles qui paraissent par leur
   exposition à la chaleur.................. *ib.*
Procédé très-simple pour connaître la bonté
   de la poudre à tirer..................... 43
Pour rendre hideux les visages d'une réunion
   de personnes............................. 44
Pour empêcher que les mouches ne s'attachent
   aux tableaux ou à autre chose........... *ib.*
Pour empêcher quelque chose de brûler au
   four.................................... *ib.*
Pronostics pour reconnaître les changements
   de température........................... 45
Flambeaux qui ne s'éteignent ni au vent ni
   à la pluie............................... 49
Composition pour raccommoder le cristal, le
   verre, la porcelaine et la faïence....... 50
Moyen de rendre les chaussures imperméables.................................... 51
Conservation du lait pendant un temps indé-
   fini.................................... 52
Recette contre les douleurs les plus invétérées. *ib.*

Remède contre les efforts et les points...... 53
Friction excellente pour les douleurs....... 54
Pour faire sauter un pain en cuisant au four.. ib.
Pour graver sur l'acier avec une plume...... 55
Chandelles de glace qui brûlent............ ib.
Changements curieux de couleurs........... 56
Pour détruire la couleur rose d'un ruban et
    la rétablir............................... ib.
Pour forcer un olivier vieux à donner beau-
    coup d'olives............................ 57
Crayon sympathique pour écrire sur le verre. ib.
Ecriture qui n'est lisible qu'en opposant le
    papier au soleil ou à la chandelle........ 58